AF362621

Fernand de BRINON

Rédacteur au *Journal des Débats*

En Guerre

Impressions d'un témoin

PARIS

BLOUD & GAY, ÉDITEURS

7, PLACE SAINT-SULPICE, 7

1915

En Guerre

Les prodiges de septembre

L'Etat-Major général ayant autorisé quelques re-
présentants de la presse parisienne à se rendre aux
armées, nous avons parcouru les champs de l'immense bataille où se joua, en septembre 1914, l'ave-
nir de la France. Nous avons visité aussi celles de
nos armées qui, des Vosges jusqu'en Champagne,
brisant chaque jour de suprêmes efforts, repoussent
durement l'ennemi envahisseur. De ce voyage d'une
semaine, nous tenons, avec la certitude que la nuée
des hordes allemandes est arrêtée, la sûre promesse
de notre victoire. Le temps des angoisses est passé ;
il est permis maintenant de songer sans forfanterie
aux réalisations magnifiques de demain. Mais, pour
mieux sentir la grandeur de l'effort, le mérite des
chefs et des hommes, il faut connaître, avec le prix
de la victoire, à quels périls nous avons échappé.

Le généralissime, qui a bien voulu nous faire exposer des manœuvres et une situation qui jusqu'alors n'avaient pas été révélées, n'a rien entendu cacher de la vérité d'hier. Le moment n'est pas venu de publier sur les opérations du début de la campagne un exposé de grande envergure, et ce n'est pas notre affaire. Nous ne prétendons pas faire ici de l'histoire, mais seulement apporter au public des renseignements exacts puisés aux meilleures sources, afin de lui faire saisir les causes précises de l'angoisse inoubliée qui, à la fin d'août, après des jours d'ivresse, étreignit tous les cœurs français. Ainsi que l'homme échappé à une catastrophe cherche à mettre de l'ordre dans ses sensations et à démêler les conditions de son bonheur, une grande nation doit apprendre, avec les motifs de son triomphe, les raisons de sa faiblesse passée.

Le *Bulletin des Armées* et des notes officielles ont déjà mis au point beaucoup d'événements récents. Notre confrère Georges Prade a publié aussi sur le « grand mystère d'août » un article d'une remarquable documentation. Nous voudrions aussi rapidement que possible, en parcourant tous les théâtres d'opérations, exposer comment arriva ce qu'on nomme la victoire de la Marne, et que nous pouvons appeler le prodige de septembre.

Prenons la guerre à son début. Nos dispositions, pour emprunter les expressions du *Bulletin des Ar-*

mées du 5 décembre, ont été prises « pour retenir en Alsace et en Lorraine le plus grand nombre possible de corps allemands ». Nous avons pris l'offensive sur ces deux terrains. Sur le premier, une attaque mal conduite nous a menés à Mulhouse où nous n'avons pu nous maintenir ; mais une seconde opération, brillamment menée par le général Pau, fait que le 20 août nous sommes de nouveau dans la place, et que nous tenons les accès de Colmar. En Lorraine, le 19 août, nous avons atteint Sarrebourg, les Etangs, Dieuze, Morhange et Château-Salins. On insiste sur ce dernier succès obtenu assez facilement. En réalité, comme la suite va nous le faire sentir, nous n'avons fait que percer la couverture de l'ennemi. Nous allons rencontrer, derrière, des forces aussi considérables que bien organisées.

Le 20 août, depuis quelques jours déjà, l'opinion publique attend la grande bataille. Des stratèges exaltés réclament l'offensive ; précisément, ce même jour, à trois heures de l'après-midi, le communiqué nous apprend que notre ligne en Lorraine s'étend de Sarrebourg à Delme en passant par Morhange. A la même date, le communiqué allemand annonce, lui aussi, l'offensive générale. Le premier grand choc va avoir lieu.

Les forces allemandes.

Quelle est, à cette date, la situation des armées ennemies ? Elles sont huit, ces légions formidables, qui vont se ruer sur notre territoire après avoir traversé la Belgique ou le Luxembourg, et en voici le détail.

L'armée n° 1, commandée par le général von Kluck, a été transportée par voie ferrée d'Aix-la-Chapelle à Liége. Elle a débouché de Liége, traversé la Campine, défilé dans Bruxelles où elle a laissé quelques troupes, détaché deux divisions pour masquer Anvers dont le siège en réalité commence à cette époque, et elle s'est divisée en deux branches, l'une marchant sur Lille, l'autre se dirigeant sur Cambrai après avoir contourné l'armée anglaise. Elle a une mission bien définie : déborder la gauche de nos armées et se diriger à marches forcées sur Paris. Son chef s'en acquittera avec une maëstria qu'il faut reconnaître.

L'armée n° 2 (général von Bülow) a passé la Meuse entre Liége et Namur, prend Namur de vive force avec l'appui de la grosse artillerie de siège autrichienne, et poursuit son avance vers la France.

L'armée n° 3 (général von Hausen, ancien ministre de la guerre de Saxe) vient du camp de Malmédy. Ses avant-gardes se sont heurtées à notre armée à la première bataille de Dinant. Elle aussi a traversé la Meuse, en liaison étroite avec l'armée n° 2. C'est de ces deux armées que parle un communiqué français quand il signale que des forces ennemies considérables ont traversé la Meuse. Leur mouvement a été couvert par la cavalerie.

L'armée n° 4 (duc Albrecht de Wurtemberg) vient également du camp de Malmédy. Elle a traversé l'Ardenne belge et s'est installée sur la Semois, en face Mézières et Sedan.

L'armée n° 5 (kronprinz d'Allemagne) s'est embarquée à Trèves, a passé par Arlon, s'est déversée en deux pointes dont l'une a rejoint l'armée wurtembergeoise sous Sedan et l'autre a mis le siège devant Longwy.

L'armée n° 6 (kronprinz de Bavière) va déboucher de Sarrebourg pour attaquer les forces françaises avancées en Lorraine. Elle est liée avec l'armée n° 7 (général von Heeringen), qui va sur le Donon et entre dans Lunéville et Saint-Dié.

L'armée n° 8 (général von Demling) opère en Alsace. Elle est absolument indépendante.

Toutes ces armées sont remarquablement fortes. Elles sont pourvues d'un matériel d'artillerie lourde auquel nous ne pouvons opposer que notre merveilleuse artillerie de campagne.

Le premier choc : la défense de Nancy.

Donc le 20 août notre armée de Lorraine, sous la conduite du général de Castelnau, se heurte à celle du kronprinz de Bavière. Les Allemands sont retranchés dans un terrain préparé (le camp d'instruction de la garnison de Sarrebourg). Nous sommes fortement éprouvés, et le général en chef ordonne la retraite sur le Grand-Couronné de Nancy. C'est ce que nous avons nommé l'affaire Morhange, ce que les Allemands appellent la bataille sous Metz ou encore, avec une audace excessive et très injustifiée aujourd'hui : le deuxième Sedan. De grandes fêtes ont eu lieu en Bavière pour célébrer ce succès.

Mais l'armée de Castelnau s'est repliée sur le Grand Couronné qu'en grande hâte et de façon remarquable elle organise défensivement. C'est la première armée française qui ait appris à faire une tranchée. Le 21, le 22 et le 23 août, sur le mont Sainte-Geneviève, un seul régiment d'infanterie, le 314ᵉ, résiste à quatre régiments ennemis auxquels il fait le plus grand mal. Il y a une accalmie, puis, le 5 et 6 septembre, 2.000 obus de pièces lourdes tombent sur les tranchées françaises. Le régiment tient toujours. L'ennemi le croit anéanti. Le 6, il lance contre ses positions des colonnes compactes qui débouchent de la forêt de Facq. Elles avancent jusqu'à 150 mètres au son des fifres. Alors elles sont atteintes par des rafales de mitraille ; l'attaque se poursuit la nuit. La situation devient périlleuse, mais l'héroïque régiment, commandé par le colonel de Montlebert, répond encore. L'ennemi abandonne.

Dans le même temps, sur une autre face du Grand Couronné, le plateau d'Amance, se livre la même partie terrible. Depuis la fin d'août jusqu'au 12 septembre, la lutte dure sans répit. Jour et nuit on se bat dans la forêt de Champenoux. Nos troupes ne s'arrêtent que pour reprendre l'offensive. Elles poussent tant qu'elles peuvent ; quand elles n'en peuvent plus, elles se reposent sous le feu. Vingt mille obus arrosent les hauteurs d'Amance ; mais jamais les Allemands n'y parviennent. Le 12 septembre, ils passent la Seille en retraite. Nancy est sauvée. Le général de Castelnau a battu les Bavarois.

Dans les Vosges, le général Dubail est aux prises avec von Heeringen. Son armée, que composent les 14e, 21e, 13e et 8e corps, s'est repliée sur la ligne de la Mortagne et elle livre au col de la Chipote des combats épiques. L'ennemi l'attaque sans arrêt, mais jamais elle ne laisse l'ennemi en repos. Le 12 septembre, von Heeringen, lui aussi, est en retraite. Les armées françaises de l'Est ont rempli au delà de leur tâche : non seulement elles ont retenu l'adversaire accroché à elles, mais encore elles l'ont battu.

Reprenons au 20 août la situation générale, car le sort de chaque armée est lié au sort de sa voisine. Dans le Luxembourg belge, les armées des généraux Ruffey et de Langle de Cary ont pris l'offensive. Comme à Morhange elles sont tombées sur un ennemi qui se retranche et qui dispose d'une artillerie impressionnante. Tandis que l'armée du duc de Wurtemberg nous contient sur la Semois, les armées 2 et 3 von Bülow et von Hausen, l'une passant la Sambre, l'autre passant la Meuse, nous mettent en échec marqué à Charleroi et à Dinant (2ᵉ bataille). Pour les Allemands, ces deux rencontres n'en font qu'une qu'ils nomment la bataille de Sambre-et-Meuse.

La retraite s'impose de plus en plus à nous, malgré l'attitude magnifique de nos troupes à Charleroi et parce que sur notre extrême gauche dans la région de Mons, l'armée anglaise, qui vient à peine d'arriver, n'a pu supporter le choc de l'armée von Kluck. Nous sommes débordés. C'est le premier succès de l'aile marchante qui poursuit, en des randonnées fantastiques, dans la direction de Paris.

La retraite générale.

Cependant l'armée française n'est pas battue. On le voit bien à Guise, où le général Lanrezac met en échec von Bülow, et sur la Meuse, où le général de Langle de Cary remporte aux Trois-Chênes un succès marqué sur les Wurtembergeois. Mais une victoire, même remportée à notre droite, ne peut écarter le péril qui menace notre gauche. Von Kluck continue à descendre sans rien rencontrer devant lui. Si on n'abaisse pas la ligne en même temps qu'il progresse, il va menacer nos communications.

Le généralissime voit bien le danger. Il donne l'ordre de battre en retraite tout en combattant.

C'est alors que le général de Langle, qui est nettement victorieux, recevant l'ordre de retraite, supplie le généralissime de lui accorder 24 heures de plus. Déjà il a annoncé à ses troupes que pour donner confiance à la population et marquer l'avantage, il transportera le lendemain son quartier général à Sedan. La Meuse charrie à pleins flots les cadavres allemands. Mais il est écrit qu'il n'y aura pas une victoire française de Sedan. Le généralissime répond : « Je ne vois pas d'inconvénients à ce que vous demeuriez un jour de plus sur la Meuse pour affirmer votre succès. Mais le 29 vous devrez vous être replié sur vos gros. » Le général de Langle obéit. La retraite continue.

L'armée anglaise, au Cateau, est de nouveau écrasée sous le nombre. Malgré sa vaillance et une magnifique résistance, elle ne peut tenir. Le 31 août, von Kluck, qui jamais ne s'arrête, remporte à Combles un succès facile sur une division de territoriaux. Dès que le général de Langle n'a plus été là pour le tenir, le duc de Wurtemberg a passé la Meuse. Son armée se rencontre avec celle du kronprinz d'Allemagne à Sedan où se donne, en présence de Guillaume II entouré des princes de l'Empire, une fête théâtrale avec parade aux flambeaux. L'armée allemande connut sans doute à cette minute l'ivresse du triomphe. Elle crut tenir la victoire, mais le prodige allait s'accomplir.

Les forts d'Hirson, Condé, la Fère, Laon, ont été pris sans combats. Bülow et Hausen, les grand généraux allemands, sont entrés en Champagne, et les fantassins de von Kluck marchent toujours, fournissant des étapes de 40 à 50 kilomètres par jour, et ils ne trouvent plus rien sur la route de Paris, si bien que, passant par Amiens, un major demande : « Depuis que nous sommes en campagne, nous n'avons pas encore eu devant nous une armée française sérieuse. Pourquoi donc faites-vous la guerre puisque vous n'êtes pas des guerriers ? » La réponse se préparait.

La victoire.

Tandis que Berlin apprenait avec transport que la cavalerie du général von Kluck arrivait vers Paris, le grand État-Major ennemi s'avisait que sans doute il était beau d'être allé aussi vite, mais qu'une armée française intacte et qui se repliait constamment en bon ordre existait encore. Alors, tandis que notre communiqué constatait que l'ennemi, laissant à sa droite le camp retranché de Paris, poursuivait un vaste mouvement de conversion vers le sud-est, celui des Allemands du 3 septembre expliquait très clairement la nécessité d'anéantir avant d'entrer dans la capitale française le gros de l'armée ennemie intact derrière la Marne.

L'extrême droite allemande oblique donc à l'est et, passant par Nanteuil-le-Haudoin et Meaux, marche sur la Marne. Mais le kronprinz de Bavière et von Heeringen sont toujours accrochés devant Nancy et dans les Vosges ; le kronprinz d'Allemagne a pris Longwy, mais est arrêté dans l'Argonne par le général Sarrail. Ainsi, grâce à la résistance que nous avons exposée des armées Castelnau et Dubail, grâce à la défense de l'armée Sarrail, des forces ennemies importantes sont en l'air. Il y a un point faible dans les lignes. Le général Joffre le sait ; c'est l'occasion qu'il guette. La fortune va changer de camp.

L'histoire militaire dira quelle manœuvre splendide fut la retraite, et quel trait la décision d'offensive à l'instant favorable. Mais ce n'est pas là le seul mérite du généralissime. Il avait encore constitué à Montdidier, sous le commandement du général

Maunoury, une armée nouvelle qui allait flanquer notre gauche et jouer dans la bataille un rôle considérable.

Le 4 septembre, nous tenons un front passant par Verdun, Vitry-le-François, Esternay, Courchamp, Paris, et le généralissime donne à ses chefs d'armée un ordre qui peut se résumer ainsi : « Prenez le 5 toutes dispositions pour passer le 6 à l'offensive générale. » Dans la matinée du 6, il lance la proclamation fameuse : « Le moment de reculer est fini... »

Toutes nos forces se portent en avant avec une superbe décision. Attaqué par l'armée Maunoury, von Kluck, surpris, pivote et fait face. La bataille de l'Ourcq s'engage. On a expliqué déjà ce qu'elle a été. Extrêmement difficile, peut-être même indécise, il ne convient pas d'en faire le combat capital ; elle a été cependant extrêmement importante, en ce sens que l'armée Maunoury a fait l'office de ventouse attirant à elle une bonne partie des forces allemandes et dégageant ses voisines de droite.

L'armée anglaise, qui allait de Crécy-en-Brie à Coulommiers, s'en trouva à peu près sans adversaire. A côté d'elle, l'armée Franchet d'Esperey, qui allait de Coulommiers à Sézanne, put gagner sa bataille en vingt-quatre heures, du 6 septembre à onze heures du matin, jusqu'au 7 au matin. Le général Foch venait ensuite, tenant de Sézanne à Lenharaie. Le 6 au matin, il fut attaqué avec une extrême vigueur.

Pendant trois jours il tint avec la dernière énergie : cependant petit à petit sa droite dut se replier sur la ligne Salon-Gourgandon.

Avec une extraordinaire clairvoyance, le général Foch n'en écrivit pas moins dans son bulletin de renseignements pour le généralissime : « La situation est excellente. La vigueur des attaques prouve que l'ennemi cherche à couvrir sa retraite ailleurs. » Et le 9 au soir il donna l'ordre de prendre de flanc la garde et les corps saxons. Le résultat de cette manœuvre est tel que le 10 au soir il installait son quartier général à Fère-Champenoise, où les officiers de la garde prussienne cuvaient encore leur ivresse, et le 11, il entrait à Châlons-sur-Marne. Son armée se composait des 11e et 9e corps, de la 42e division coloniale et d'une division marocaine.

A côté de cette armée glorieuse, luttait une autre non moins glorieuse, la 4e armée du général de Langle de Cary. Nous avons dit comment le 27 août elle avait empêché l'ennemi de franchir la Meuse ; depuis, entraînée dans la retraite générale, elle tenait au sud de Vitry-le-François le front Vauclain, Huiron, Courdemange, Humboville. Elle comprenait quatre corps d'armée : le 2e corps, le corps colonial, le 12e et le 17e contre cinq corps allemands. Au cours de l'action, elle reçut comme renfort le 21e corps venant d'Epinal et transporté par voie ferrée juste à l'instant favorable. Durant cinq jours,

la bataille fit rage, terrible (les champs d'Huiron
sont encore les plus dévastés par les marmites allemandes). Le général de Langle porta tout son effort
sur la droite ennemie, affaiblissant même sa droite à
lui pour renforcer sa gauche. Le résultat fut tel que
le sixième jour les Allemands battirent en retraite.
En même temps le général Sarrail, appuyé sur Verdun et faisant face à l'ouest, emboîtait le flanc
gauche ennemi, et, après de rudes combats, accélérait
le départ. Le plan allemand était désormais brisé.

Ce sera la tâche des historiens militaires de
rechercher comment se décida la victoire. Il est pro-
bable que les reconnaissances aériennes, en permet-
tant au génie des chefs de trouver emploi, ont été
pour beaucoup dans le résultat. Il est permis aussi
de croire que les Allemands, dans leur volonté
d'aller vite, ont laissé dans leurs lignes des points
faibles ou même des vides. Il nous suffisait d'indiquer ici les grandes lignes de la bataille en évo-
quant les noms des chefs qui en ce commencement
de septembre ont été les artisans du prodige qui
sauva la France.

La bataille des Flandres

Le 8 octobre, le communiqué officiel annonçait :
« Les opérations des deux cavaleries se développent
maintenant presque jusqu'à la mer du Nord. » La
bataille des Flandres se livrait. De quelle idée stra-
tégique elle est sortie, tout le monde doit l'avoir
compris, et le dernier rapport du maréchal French
l'a précisé : tentative d'enveloppement du flanc droit
allemand par nos troupes ; même manœuvre de la
part de l'état-major ennemi sur notre gauche avec
essai de marche sur Dunkerque et les ports du litto-
ral face à la côte anglaise. Ainsi les escrimeurs
parent et ripostent. Ce qu'on connaît moins, c'est ce
qu'ont été les combats de cavalerie livrés dix jours
durant dans les Flandres et dont on nous disait, le
11 octobre, que les premiers avaient été « assez
confus en raison de la nature du terrain ». C'est ce
que je voudrais indiquer. J'ai passé cinq jours sur le
terrain des opérations au nord. J'ai assisté à l'un
des récents combats. Ils ont tous été à peu près les
mêmes ; je tenterai de les décrire.

Quand on parle d'actions de cavalerie, on se représente des escadrons face à face et des charges

2

furieuses. Ce n'est plus cela du tout. Le temps des chevauchées héroïques est passé ; les Allemands ont adapté l'art de la guerre à leur tempérament. Chaque fois, durant la campagne, qu'un de leurs régiments de cavalerie, fût-il des Hussards de la mort chers au kronprinz, s'est trouvé devant un des nôtres, il a tourné bride. La lance des uhlans est plus longue de dix centimètres que celle de nos dragons, mais cela ne suffit pas à leur faire affronter le choc ; ils n'aiment pas l'arme blanche. En revanche, ils n'ont pas leurs pareils pour organiser une embuscade, se tapir derrière une haie et, invisibles, prenant tout leur temps pour viser, abattre minutieusement une reconnaissance. Nos hommes enragent, mais c'est ainsi. Il faut accepter la guerre qu'on nous fait, et, pour tout plaisir de cavalier, chasser la patrouille allemande par petits groupes.

Ce ne sont pas seulement ces raisons qu'on pourrait nommer psychologiques qui ont obligé notre cavalerie à un métier qu'elle pratique peu ; c'est encore et surtout la nature du terrain des Flandres. M. Henry Bidou l'avait parfaitement compris quand il décrivait ainsi de très exacte manière le théâtre de la bataille : « Il faut se représenter, écrivait-il, un sol d'argile, froid, brumeux, imperméable, sans pente, où l'eau qui ne peut s'enfoncer stagne en mares ou se subdivise en un chevelu infini de canaux. Cette humidité détermine la végétation : partout des prairies, partout des arbres, en file autour des champs, en bouquets derrière les fermes ; de telle sorte que ce pays plat n'a pas de vue.

« Ajoutez que l'abondance de l'eau a rendu possible l'éparpillement des maisons qui ne sont pas groupées en bourgs comme sur les pays calcaires, mais isolées et multipliées. » Les grands mouvements sont impossibles parmi tant d'arbres, d'obstacles, de ruisseaux ou de canaux. On ne passe plus les rivières à la nage. Les combats de cavalerie dans le nord ont été dans la réalité des combats d'infanterie.

Une division opère dans la contrée. Là, un régiment met pied à terre. On attache les chevaux les uns aux autres par peloton. Des factionnaires sont placés auprès d'eux : les hommes avancent portant carabines et revolvers, un fourgon suit avec des pelles et des pioches pour creuser les tranchées. A huit cents ou mille mètres des chevaux, on établit un poste de liaison. Ce qui reste du régiment, cinq cents hommes environ, se déploie en tirailleurs et marche plus loin. Parvenue au contact ou à l'endroit fixé, la petite troupe ouvre le feu ou prépare ses retranchements. Ainsi les chevaux sont à l'abri des balles tandis que leurs cavaliers combattent. Presque tous les engagements vont de même ; au bout d'une dizaine d'heures ou plus, on relève les hommes des tranchées. C'est un dur métier. Qu'on se représente, en effet, que les cavaliers portent leur repas froid dans le paquetage qui reste sur les chevaux, qu'ils demeurent souvent longtemps sans pouvoir retour= ner à l'arrière, que, dès qu'ils le peuvent, ils doivent avant toutes choses panser leurs bêtes, les faire boire et manger, et se préoccuper d'eux ensuite. Il est vrai que dans la région du nord, un des soins les plus nécessaires et les plus difficiles a été simplifié. Quand il faut aller à la découverte d'une fontaine et emplir les seaux, l'opération est autrement longue qu'ame= ner les bêtes devant une nappe d'eau. Leur abon= dance dans le nord a permis de trouver facilement des abreuvoirs. Il n'en allait pas de même dans la Marne.

C'est par de pareilles manœuvres et en de tels combats que la cavalerie de France vient d'ajouter aux exploits des grands anciens. L'ennemi, répondant à nos mouvements, gagnait dans le nord ; il occupait des points de passage importants, nombre de bourgs de la frontière franco-belge. Le 8 octobre, une soixantaine de cyclistes et de uhlans étaient venus jusque dans la gare d'Hazebrouck, ayant tué une sentinelle, deux employés de chemin de fer et éventré d'un coup de baïonnette une petite fille de dix ans. On attendait pour le lendemain une troupe importante ; les habitants étaient préparés à l'in= vasion. Déjà on pensait à organiser la défense de Saint-Omer menacée. Mais la cavalerie avait reçu l'ordre de tenir coûte que coûte contre des forces près de deux fois supérieures. Elle a tenu. Non seulement elle a tenu, mais avec nos magnifiques alliés britanniques elle a repoussé les Allemands à vingt kilomètres en arrière en trois jours. Toute la région d'Hazebrouck a été dégagée. Elle a permis d'accomplir en toute sécurité une importante manœuvre ; quand on connaîtra les détails de ces combats, on sera confondu d'admiration devant ce qui a été fait. Combien d'exploits et combien de succès les communiqués n'annoncent pas !

Les villages des Flandres, qui tous se ressemblent, gais, paisibles, tristes et froids, avaient été abandonnés par leurs habitants qu'on voyait errant par les rues d'Hazebrouck ou de Saint-Omer, lamentables et hébétés. Depuis une semaine, les Allemands étaient maîtres chez eux. Mais Vieux-Berquin, Neuf-Berquin, Merville, Bailleul, Estaires, ont été repris. Je les ai parcourus ; ils étaient pleins du souvenir des combats. Les soldats britanniques les occupaient. Ils allaient s'amusant encore du bruit des bombes et superbement indifférents ; ils sifflaient des airs de gigue parmi des femmes qui tantôt riaient et tantôt pleuraient en racontant des histoires incomprises.

Vieux-Berquin, bourg de cultivateurs, a peu souffert. Cependant la ferme la plus importante, la Ferme Bleue, a été détruite par les obus anglais. L'ennemi avait installé une batterie, derrière les grands bâtiments. Ils ne sont plus que décombres. A l'entour, la propriétaire se lamentait. « Mais je suis tout de même contente, disait-elle. Ce sont les Anglais qui m'ont brûlé la ferme. Pendant huit jours nous avons été Allemands. On en avait plein la maison. Les derniers ne faisaient pas trop de mal. Mais les uhlans, ça, c'est mauvais. Ils m'ont pris mes trois chevaux que j'avais achetés avec l'argent de la réquisition pour remplacer les autres. Maintenant je n'ai plus rien. On a bien cru mourir. On a passé trois jours dans la cave. La fumée venait. On pensait que c'était la fin. Puis on a entendu des soldats qui criaient : Amis, amis. Alors on est parti en rampant le long des buissons. Les obus tombaient. Enfin on est encore en vie !... » A Bailleul, les Allemands ont manifesté leurs instincts : cinq femmes ont été violentées, la demeure du député Plichon incendiée. Ils ont fait mieux encore à Estaires, pillant la maison et la caisse du percepteur, fusillant des civils, brûlant les maisons. Ils voulaient installer une mitrailleuse à une fenêtre de la mairie. L'adjoint, M. Blancard, leur a refusé les clefs. Ils l'ont tué. Mais Estaires a été reprise d'assaut par nos dragons.

L'attaque de Sailly-sur-la-Lys.

Nous avons dormi au cantonnement, à l'arrière des lignes, roulés dans une couverture de cheval et serrés contre les dragons pour avoir chaud. Le jour se lève, jour gris, lugubre. De la terre monte le brouillard qui pénètre et glace. Le vent souffle le froid avec une régularité monotone. On entend un bruit sec comme le claquement d'un fouet de roulier. Un coup de fusil, puis deux, et toute une suite de détonations déchirantes. C'était une aurore de victoire française.

On va à l'attaque du pont de Sailly-sur-la-Lys, point de passage important. On avance à travers champs. On ne voit pas bien devant soi : cependant l'atmosphère devient plus claire, et on arrive à huit cents mètres environ de l'objectif. A gauche, une route, celle qui conduit au pont ; à droite, un immense champ de pommes de terre, culture répandue —la pomme de terre de Merville est renommée, paraît-il — et un bâtiment de ferme trapu. En avant, l'ennemi invisible et plus loin le village. Deux escadrons de dragons s'installent dans les tranchées. Du fossé de la route, je les vois nettement prendre position, préparer leurs carabines, viser. Je vois le lieutenant abrité derrière un mur de la ferme qui se penche de temps en temps jumelle aux yeux pour reconnaître l'ennemi. J'entends le bruit de la bataille. Mais, pour l'instant, je n'aperçois rien d'autre. On m'a conté ce qui s'est passé.

L'ennemi a envoyé des reconnaissances vers nos tranchées. Aucune n'est revenue. Nos hommes ont abattu ainsi une trentaine d'Allemands dont les cadavres étaient restés autour du pont. Alors, il a tenté une attaque : elle a été repoussée. Il y a eu un instant d'accalmie. On ne voyait plus rien. Tous les combattants étaient terrés. Puis onze individus vêtus en paysans se sont avancés vers nos lignes. Ils portaient une pioche et une pelle sur l'épaule. On ne savait pas qui ils étaient. On n'a pas tiré sur eux. Ils sont arrivés ainsi jusqu'à une quarantaine de mètres de nos tranchées. Par le même mouvement tous ont levé le bras droit et ont tiré avec leur revolver. En même temps des tranchées ennemies sur le côté partait un feu de salve. Le lieutenant qui était contre le mur de la ferme était sans défiance. Son maréchal des logis à côté de lui, entendant passer une balle, venait de lui dire : « Encore une qui ne m'aura pas !... » Il avait souri. A la décharge, il fléchit atteint au bas-ventre. C'était un des plus brillants officiers de notre cavalerie, un champion des concours hippiques de France et d'ailleurs. Je veux raconter comment il est mort. Nous devrions écrire ainsi pour les familles et les amis l'histoire de leurs héros.

Le maréchal des logis prit sous le bras son officier pour l'emporter vers les secours. Il dit : « Rossa, voyons, laissez-moi. Vous savez bien qu'un homme blessé ne vaut plus rien. Retournez donc à la tranchée. On a besoin de vous. » Mais le sous-officier n'en fit rien. On ne quitte pas son chef blessé. Comme il put, sous les balles, il l'entraîna. Il devint très pâle. Un instant il fléchit. Puis il ouvrit les yeux et reprit : « Voyons, Rossa, vous allez me laisser. Je n'ai plus besoin de personne. Maintenant vous me remplacez ; allez vers vos hommes. » — « Non, mon lieutenant, je ne vous abandonnerai pas. » Trois dragons étaient là. Ils allèrent chercher une voiture. On trouva une petite carriole ; on jeta dessus trois bottes de paille, et dans cet équipage l'officier français victime de la fourberie allemande s'en fut vers l'ambulance pour mourir. Voici la guerre qu'on nous fait.

Les onze Allemands costumés étaient tombés frappés par un feu de salve. C'était, paraît-il, des gradés. Le pont fut pris ; une mitrailleuse installée sur ses débris balaya les environs. On voyait l'ennemi fuir par grappes. L'après-midi, les dragons entrèrent dans le village.

Le soir, au cantonnement, on se réjouissait. « Tu parles d'un bon boulot, » disait un homme. « Ces salauds de Boches, faisait un autre, crois-tu qu'on les a eus ! » et ils se contaient leurs histoires. Le maréchal des logis nous parlait de son officier : « Ah ! c'était un bon chef, mon officier, et puis un cavalier. Quand il riait, celui-là, c'était pas souvent, mais c'était pour quelque chose. Jamais il ne disait un mot plus haut que l'autre. Quand il faisait une observation, c'était doucement et on ne le voyait pas attraper un première classe devant un seconde classe. Non ! » Les hommes avaient appris la mort de leur chef. On leur avait annoncé qu'il avait reçu la croix et qu'elle avait été envoyée à sa famille : « C'est tout dire, quoi ! » Ils étaient tristes dans cette soirée de gloire. « Le colo a pris sa jument, faisait l'un, une bête qui pouvait encore faire un concours hippique ! » Une autre disait : « Tout de même, on en a vu de rudes, mais ce coup-là c'est un coup dur. Ça vous fait quelque chose. On va nous envoyer un réserviste. Un peloton foutu, quoi ! » La voix était serrée. Dans la nuit noire, il n'y avait d'autres lueurs que le feu des cigarettes et de sentir que ces soldats, qui, tout à l'heure, parlaient si rudement de saigner un Boche, avaient des larmes aux yeux, je les imaginais plus farouches et plus beaux.

En Alsace

Dans la place de Belfort.

André Tudesq, du *Journal*, Raymond Guasco, de *l'Opinion*, et moi nous sommes alignés dans le cabinet du général gouverneur de la place de Belfort. Nous venons de Paris, souhaitant parcourir l'Alsace reconquise, et nous espérons, parce que nous sommes déjà à Belfort, ce qui n'est pas chose facile. Adossé à une fenêtre, les mains dans ses poches, le général nous interroge comme pour un examen. Il a regardé nos papiers et, bienveillant, il demande : « Que désirez-vous donc, Messieurs ? » André Tudesq, qui déjà sans doute voit le titre d'un article sensationnel, prend la parole : « Mon général, les journaux ont annoncé qu'en Alsace, dans les villages que nous occupons, des soldats instituteurs font la classe en français aux petits Alsaciens. Nous aimerions voir ce spectacle. » Le général gouverneur observe qu'il ne faut pas trop tôt vendre la peau de l'ours, et il sourit. Alors, je reprends : « Nous irons là où vous croirez pouvoir nous envoyer, mon général. Fixez vous-même l'itinéraire. — Eh bien, nous avons aujourd'hui deux autos qui partiront pour Thann ; on vous emmènera. Et vous avez de la chance, vous pourrez passer par une route qui est complètement nettoyée d'Allemands depuis deux jours seulement, celle de Gewenheim. Aucun civil n'a pu la prendre encore. Si vous recevez des coups de fusil… — Tant mieux ! — Vous n'en recevrez pas. Quant au canon, on ne peut rien garantir. — Ce sera très chic. — En auto, vous ne risquez pas grand'chose ! » Ayant ainsi diminué nos illusions d'héroïsme, le général gouverneur nous montre le chemin sur une carte, nous rappelle la prudence et l'exactitude nécessaires dans les propos et les articles, nous souhaite bonne chance et dit : « Soyez ici à une heure et demie, heure militaire. »

A droite et à gauche, dans la cour de l'état-major, deux corps de bâtiment étendent leurs façades sombres ; au fond, se dresse la citadelle dominatrice sous laquelle le lion de Bartholdi taillé dans le roc, du même rouge rouillé que les vieux murs, semble un glorieux blason. Des pylônes soutenant les antennes de la télégraphie sans fil montent haut dans un ciel gris, et les arêtes des fortifications de Vauban ajoutent à la sévérité du tableau. Les deux voitures sont prêtes pour le départ. Dans l'une on dispose les ballots de journaux et les paquets de tabac à distribuer aux troupes ; dans l'autre, des sacs cousus contenant cartouches et carabines. Les chauffeurs vérifient leurs mousquetons ; l'officier qui nous accompagnera prend son revolver et nous, chétifs, bénissons le général en songeant à la frontière franchie, à l'Alsace reconquise.

L'Alsace.

Nous avons passé les postes qui défendent l'entrée et la sortie de Belfort ; nous avons franchi les murailles formidables, les fossés, les ponts, et nous roulons sur une belle route bordée d'arbres. Déjà les crêtes des Vosges ont leur parure de neige dont les teintes bleuâtres s'illuminent de blancheurs dorées sous le pâle soleil perçant soudain les nuages ; les forêts dépouillées font aux flancs des montagnes de grandes taches noires ou jaunes, avivées çà et là par les bouquets verts demeurés au faîte des peupliers. Les maisons des petits villages sont étendues dans les vallées ; le clocher pointu d'une église miroite ; les prés et les cultures se succèdent semblables, et partout poussent comme une étrange végétation d'immenses toiles d'araignée de fil de fer ou les bizarres constructions des tranchées. La terre par ici est mise en guerre.

Voici un bourg où est installé un état-major. Le fanion blanc et rouge flotte à la porte d'une brasserie ; des hussards vont et viennent à bicyclette et aussi des artilleurs menant lentement leurs attelages et les gros canons noirs des batteries lourdes.

« D'ici deux kilomètres, nous dit l'aimable lieutenant qui nous accompagne, nous serons à la frontière, à l'ancienne frontière. »

Rectification qui émeut.

La voiture avance. Le paysage est toujours le même ; ici, la nature ne varie pas avec les frontières. C'était ici qu'était la douane, la douane brûlée, et là était le poteau, aujourd'hui arraché. Un taillis roussi par l'hiver borde la route ; aucun signe apparent n'indique encore que nous sommes en Alsace annexée. Le premier qui frappe est une borne kilométrique donnant la distance « nach Massmünster » que les Français appellent Massevaux. Et puis voici les disques signaux peints en blancs et noir du tramway ; les fils télégraphiques qui, partout coupés, pendent des poteaux et traînent sur le sol ; une boîte aux lettres accrochée à une maison avec le cor de chasse des postes impériales et son inscription : « Briefeinwurf. »

Le premier village a nom Morswiller. Ses maisons sont alignées tout le long de la route ; ce sont bien les maisons alsaciennes des images et des contes de Noël, avec leurs toitures basses, leurs croisillons de bois et les géraniums aux fenêtres. Une vieille paysanne pousse une vache rousse devant elle ; des filles blondes nous regardent passer en riant ; des

soldats fument leurs pipes devant les portes ; un
dragon en calot d'écurie balaye tranquillement la
cour d'un bâtiment de ferme. Telle est l'occupation
française. Nous allons toujours dans la vallée de
Massevaux. Nous traversons Aüe, où se remarque
une gentille auberge à l'enseigne : *Gasthaus zum
Engel* ; Sentheim, où la construction d'apparence
est la Gemeilde Schulhaus, et, ayant gravi une pente
rapide, nous parvenons à un sommet d'où l'horizon
s'étend très loin sur Mulhouse et la forêt de Hart, le
signal de Roddern. Ce point important est tenu par
nous si solidement que toutes les attaques ennemies
ont non seulement échoué, mais ont abouti toujours
à l'avance de nos troupes. Le chef du détachement
vient à nous et nous conduit sur la crête. Nous
sommes à sept ou huit cents mètres des Allemands,
mais on ne voit rien, on n'entend rien ; toute la
guerre est d'observer : « Hier, raconte le commandant, nous avons eu une escarmouche. J'ai fait en-
terrer deux Allemands, dont l'un dans le cimetière de
Roddern, mais aujourd'hui je ne sais pas ce qu'ils
font, c'est la tranquillité absolue. » Je ne sais pas ce
qu'ils font : tout un côté de la guerre, et le plus commun, est dans cette phrase. La guerre, en effet, est
faite de silence et d'attentes bien plus que de
batailles. On observe, on attend ; parfois des jours
ont coulé dans l'inaction, mais tout à coup le feu
éclate. Il reste souvent un isolé, ou bien il est

accompagné de décharges si peu nombreuses et si tôt arrêtées qu'elles semblent honteuses, comme si les tireurs avaient été pris au piège. Parfois au contraire le vacarme s'étire ; les mitrailleuses tapent, la grande voix du canon se met de la partie. Une action importante est déclanchée. Mais cet après-midi-là, ni les sentinelles françaises, ni les prussiennes, ne se souciaient de lier conversation au signal de Roddern. Le commandant fouillait en vain l'horizon de sa jumelle ; l'autre là-bas devait en faire autant, et nous avions pour tout spectacle le panorama de Mulhouse, au jour finissant, avec les hautes cheminées d'usines qui s'estompaient déjà dans la brume et dans la fumée.

Le village de Roddern était hier encore peu sûr ; les patrouilles des deux armées le parcouraient et on ne savait si on ne se trouverait pas, à un détour de chemin, face à face avec des uhlans. Alors les automobilistes armaient leurs carabines. Aujourd'hui, la route est tranquille ; il n'y a que des troupes d'oies pour se dresser sur notre passage et siffler leur mépris. On arrive à Thann sans encombre. C'est une véritable petite ville avec 7.000 habitants où depuis bientôt deux mois nous sommes maîtres. Un chef d'escadrons de dragons, qui était avant la guerre le plus brillant sans doute des écuyers du cadre noir, la gouverne. Il a dit à ses hommes d'essayer de gagner les cœurs des Alsaciens. C'est chose faite.

Thann est redevenue française avec joie, sans avoir
jamais cessé de l'être.

L'occupation française.

Depuis la fin d'août, à la suite de l'opération conduite par le général Pau, opération qui débuta par
une sanglante bataille dans les environs de Montreux-
Vieux (Alt-Münsterol, station douane allemande),
où l'ennemi se retira en panique, l'armée française
est maîtresse de tous les cols débouchant sur la
plaine d'Alsace. Du col du Bonhomme jusqu'aux
derniers contreforts des Vosges devant Belfort, elle
tient les hauteurs d'où elle pourra, l'heure venue,
avancer vers le Rhin ; elle tient la vallée de la
Schlucht, les défilés de Bussang, la vallée de Saint-
Amarin et ses crêtes ; elle occupe Thann, d'où ses
avant-postes viennent jusque sous Cernay.

Le drapeau français flotte sur la mairie où sont
installés les services du commandant. Des groupes
paisibles circulent sur la petite place plantée d'arbres.
Depuis deux mois on a lié connaissance : civils et
militaires sont mêlés, car les soldats de France ne
sont pas des ennemis en Alsace. Déjà des boutiquiers
ont des enseignes françaises ; les cafés sont pleins de
troupiers qui plaisantent en buvant des madagascars,
l'apéritif du pays, et il semble que cette garnison est
l'ordinaire dans la petite ville qui la reçoit sans

curiosité, comme si elle la possédait depuis toujours. La flèche de la vieille église Saint-Théobald, admirablement ouvragée, se dresse sur la place, face à la mairie. On prétend qu'elle est l'œuvre d'Ervin de Steinbach, qui édifia le Munster de Strasbourg. C'est là un problème pour archéologues, et j'ignore s'il est résolu. Ce qu'on éprouve, c'est que cette belle église moyenâgeuse, avec ses dentelles de pierre, sa verrière et sa rosace, parle au cœur français, et qu'on aime voir sous ses porches, mêlés aux Alsaciens, les dragons et les fantassins qui ont chassé l'Allemand du pays. Nos hommes le sentent bien aussi; ils ont visité l'église respectueusement, en tirant leur képi, comme s'ils y retrouvaient l'atmosphère de chez eux, et ils disent, parlant naïvement des sièges gothiques, des stalles et des chapelles du chœur : « Tu parles d'une église bien meublée, alors ! C'est une chouette cathédrale ! »

Jusqu'à présent, le canon prussien a respecté le munster de Thann ; c'est peut-être miracle, car une demi-douzaine d'obus explosifs sont tombés dans les environs immédiats. Depuis qu'ils ont été chassés, les Allemands établis à Cernay, à six kilomètres, s'amusent de temps en temps à bombarder la ville. Simple amusement, odieuse et mesquine vengeance dont ils sont coutumiers, car ce n'est pas en détruisant les maisons qu'on gagne des batailles, et ces canonnades ne leur ont pas porté bonheur. Jamais le 75 n'a manqué d'y répondre. C'est ainsi que le 25 septembre commença, par la voix du canon, une affaire assez chaude. Les obus tombaient sur Thann et principalement sur Vieux-Thann ; nos batteries répondaient, quand soudain, on ne sait pourquoi ce jour-là il montrait tant d'ardeur, l'ennemi se mit en tête de nous reprendre la place. Il avança en colonnes d'infanterie, bientôt repérées par notre artillerie et rapidement refoulées ; les dragons accourus hâtèrent encore la retraite. Depuis ce jour, il n'y a plus eu, aux environs immédiats de Thann, que des affaires de patrouilles et des coups de feu échangés entre sentinelles. Mais il fallait bien, pour les populations qui avaient entendu le fracas de la bataille, écrire l'histoire à l'allemande. L'agence Wolff n'est jamais en difficulté. Elle fit aussitôt un étonnant récit transmis à toutes ses succursales et que reproduisirent selon la coutume quelques journaux germanophiles de Suisse qui pénètrent en Alsace. L'armée française avait perdu 5.000 tués et blessés, un grand nombre de prisonniers et du matériel; mais on oubliait de faire connaître, et pour cause, le résultat pratique de cette grande bataille. Or nous avions eu dans la réalité 2 tués et 3 blessés ; 300 hommes de notre côté avaient été engagés dans l'action. On juge si les Alsaciens témoins de la grande bataille s'amusèrent des exploits de l'agence Wolff.

A quelque temps de là, c'était, je crois, le 10 octobre,

les Français répondirent à la lourde mystification par une plaisanterie de bonne guerre. Le service des renseignements et les éclaireurs avaient signalé une animation extraordinaire dans les rues de Cernay ; on y passait des revues d'astiquage, on pavoisait les maisons. Certainement il devait y avoir là quelque chose de « kolossal ». On connut la cause de cette agitation : le roi de Wurtemberg devait venir inspecter les cantonnements de ses troupes dans la bonne ville qu'ils appellent Sennheim après l'avoir annexée. Aussitôt nos artilleurs prévenus, ayant repéré exactement la distance, installèrent une pièce lourde sur Cernay. A l'heure où le Wurtembergeois pouvait traverser les rues aux cris de «Vive le roi ! », que la population civile avait reçu l'ordre de faire entendre sur son parcours, le canon français, lui aussi, fit résonner sa voix. Malheureusement on ne vit pas les résultats, mais l'affolement dut être grand, car l'ennemi ne pensa même pas à répondre. En imaginant la fuite du roi de Wurtemberg, soldats et habitants de Thann rient encore aujourd'hui. Cette revue sans doute sera là-bas une de ces histoires de la guerre avec quoi, plus tard, on fera rire les enfants.

En quittant Thann, nous traversons la vallée de Saint-Amarin. La grand'route s'allonge blanche et large entre les montagnes boisées. Les maisons et d'innombrables fabriques, car la contrée est des plus riches, sont semées le long du chemin, et partout circulent les convois militaires, les détachements de troupes et des patrouilles à bicyclette ou à cheval. Voici Bitschweiller, Weiller, Moosch, charmants villages aux fenêtres fleuries; voici Saint-Amarin, un gros bourg industriel avec deux passages à niveau où sont installés des postes français. A tous nous jetons des journaux, le *Bulletin des Armées*, traduit en patois alsacien, et aussi des paquets de tabac. Les hommes saluent et se précipitent, se groupant autour des feuilles. Les nouvelles du pays, c'est à quoi ils tiennent le plus, et ces nouvelles, les Alsaciens aiment aussi les connaître pour savoir que les « Schwobes » ne reviendront pas et trouver là sécurité. Nous arrivons à Wesserling. Devant l'hôtel où est logé le chef du détachement, face à la gare et à côté d'un *Summergarden mit Kegelbahn*, l'auto s'arrête. A la gare, un train allemand est formé qui devait emmener les fonctionnaires; il n'a pas eu le loisir de partir : les Français dévalaient trop vite des pentes opposées, et il reste là comme un trophée de victoire sur les rails rouillés.

Longtemps nous causons avec le colonel et un capitaine qui se réjouit d'être Alsacien et d'être là. On ne reçoit pas souvent la visite de civils ; c'est une occasion pour leur demander mille détails sur la vie de la France, sur l'état de Paris, sur le sentiment de la nation. Et nous, nous demandons des histoires d'Alsace. Dût le pittoresque en souffrir, il faut avouer qu'elles sont peu nombreuses. Depuis deux mois notre occupation n'a pas d'histoire. On ne se bat pas ; on s'installe pour l'hiver et on attend le moment où on avancera. Car on avancera, chacun en est sûr. L'instant ne peut pas ne pas venir. La population fait à nos soldats un accueil touchant ; au début, elle était un peu effarée ; elle se demandait si on ne lui faisait pas vivre un rêve dont le réveil serait terrible. Aujourd'hui, elle a confiance. Elle lit avec joie les proclamations à drapeaux tricolores, sur deux colonnes où le texte d'un côté est français, de l'autre en patois d'Alsace. Peu à peu on s'approche de notre groupe. On nous conte la rage allemande. Les Allemands ne veulent pas admettre que nous tenions toute une partie de l'Alsace. On en cache la nouvelle à ceux-là mêmes qui la devraient mieux connaître. C'est ainsi qu'un hôpital militaire a envoyé en convalescence près de Wesserling deux soldats de la garde prussienne. Ils sont bien arrivés, mais dans les lignes françaises. Leur étonnement fut grand ; mais tous deux se consolent en pensant qu'ils ne retourneront pas à la guerre.

Et les Alsaciens commencent à connaître par nos troupes la vérité sur les fameuses victoires allemandes ; comme ils ne manquent ni d'esprit ni d'humour, ils ne sont pas sans le faire sentir à leurs maîtres d'hier. Voici un trait qui n'a pas tardé à se répandre. L'autre jour, à Cernáy, un soldat teuton blessé contait ses exploits de France à un aubergiste alsacien à qui il voulait prouver qu'il avait appris la langue, et il disait : « Nous avons pris Maôbeuje ; après nous avons pris Verdeune et puis encore... » et il cherchait le nom, en vain. L'aubergiste impatienté par la hâblerie de l'Allemand, songea à Cambronne, il souffla : « Et M... alors. » Immédiatement, le vainqueur se reconnut : « Ya, ya, fit-il, M... alors ! » Il ne cessait pas, pour mieux s'en souvenir, de répéter le nom de cette victoire nouvelle.

La nuit venait. Il fallait rentrer à Belfort. Nous revîmes Thann aux lumières, où certes l'animation sur la place était plus grande qu'à Paris ; nous revîmes Michelbach, Gewenheim, où hier l'ennemi venait encore en incursion ; Massevaux, dont la route est défendue par de quadruples rangs de postes solides ; nous eûmes la vision grandiose des hommes qui bivouaquaient l'arme au pied, devant des feux dont la lueur leur faisait des allures épiques, et nous passâmes la frontière sans même nous douter qu'il y avait eu une frontière.

Sur la route d'Altkirch.

Conduite par un maréchal des logis du service des renseignements pour qui la croix de la Légion d'honneur a récompensé maintes de ces prouesses

faites de dévouement, d'intelligence et de courage
qui préparent les victoires, l'auto avance sur la
route d'Altkirch. Loin dans les champs et les prés,
se dressent les profils géométriques des tranchées ;
là, une batterie est cachée sous les branches, proté-
gée encore par les toiles d'araignées géantes de fil de
fer barbelé où l'assaillant s'empêtrerait comme
mouches ; ailleurs, des pieux pointus assemblés par
le travers font des X menaçants ; des murs de
briques, de terre où des talus herbeux semblent des
obstacles semés à profusion pour un cross-country
compliqué, et de longs arbres dépouillés posés
horizontalement en travers des chemins, tantôt
levés, tantôt abaissés comme certaine barrière de
chemin de fer, sont gardés par les sentinelles qui
veillent dans leurs cabutes branchues. « Oui, Belfort
est à l'abri, dit le commandant d'état-major qui nous
guide avec la plus aimable complaisance. Pour
prendre la place, il faudrait un sacrifice que les Allemands ne peuvent plus faire. »

Sont-ils venus en territoire français ? La question
se pose, pressante, à la frontière de l'est, dans cette
trouée d'invasion. La réponse est réconfortante. Ici,
notre sol n'a pas été violé ; dans la période de ten-
sion diplomatique, alors que les troupes avaient reçu
l'ordre exactement observé de se tenir à 10 kilomètres en deçà de notre ligne, les Allemands ont
montré une grande insolence, tirant sur les doua-

niers et maltraitant les sujets français. Mais ils n'ont réussi à s'établir nulle part ; dès le premier jour de guerre, nous avons pris la direction des opérations. Une brigade jetée sur l'ennemi est entrée presque sans coup férir à Mulhouse. On sait le reste, et comment le général Pau conduisit vers le 20 août une nouvelle marche sur l'Alsace. Nous voici précisément au lieu où débuta la bataille. Nous avons passé Pérouse, Fontenelle, petit bourg dans lequel un bambin de quatre ou cinq ans, coiffé d'un képi enfoncé à mi-tête, pipe au coin de la bouche et ruban rouge au tablier, nous regarde passer, les mains dans ses poches, en menant un tapage guerrier, et voilà à droite de la route une éminence avec un café à l'enseigne vert d'eau, à côté duquel le général Pau observait le combat, heureux de conduire à la victoire cette magnifique phalange des Marches de l'Est, division de réserve qui nous a rendu une partie de la terre d'Alsace.

Près de ce pont de bois, sur une mince rivière aux eaux grises, était le poteau frontière. On l'a porté chez le gouverneur de Belfort, aux acclamations des habitants électrisés, et le gouverneur, tout ému, a donné un louis à l'homme qui l'avait arraché. Derrière le poteau, il y avait une auberge tenue par un immigré ; elle s'appelait *Gasthau zum Grénze* ; elle est toujours debout, vide ; les fenêtres sont saccagées. Plus loin, c'est Montreux-Vieux, qu'on ne nomme plus *Alt Münsterol*. Nous nous arrêtons pour contempler les effets de la guerre. L'armée française occupait le village et la gare. La mitraille allemande pleuvait ; l'ennemi était en face, retranché vers un petit bois. Bientôt il partit en déroute, marquant sa route de cadavres. Montreux-Vieux avait payé le succès : il n'a souffert que des armes prussiennes. Dans la gare, toutes les vitres sont trouées par les balles ; on a couvert leurs plaies étoilées avec des papiers verts qui semblent de gros confettis ; les rails s'allongent au loin ; les disques et les signaux font autant de bizarres squelettes dans ce désert étroit. La « Kaiserliches Post » n'est plus que décombres. Plus de toit sur la maison ; l'escalier est tout noirci par les flammes ; j'ai voulu cependant le gravir et j'ai découvert dans la chambre, qui était celle du receveur, parmi des décombres et les souillures, deux bicyclettes tordues, amas de ferraille rouillée.

A côté, il y a un café allemand. « Il est tenu par une femme blonde, raconte notre guide ; son mari était un espion que nous avons dû fusiller. Peut-être allez-vous la voir. » Mais la femme blonde ne s'est pas montrée.

Chavannes-l'Etang : quelques bâtiments de ferme épars autour de la route qui bifurque. Devant la borne indicatrice, deux territoriaux sont fort occupés : l'un, grimpé sur une brouette, peint le poteau aux couleurs françaises, l'autre lui passe les pots où il trempe successivement son pinceau dans le blanc, dans le bleu et le rouge pour rectifier le partage. Sans doute le métier le connaît, car sur la plaque il a inscrit en belles lettres noires Chavannes-l'Estang, au lieu de Schaffnat-am-Wald.

Rien n'est pacifique comme l'existence des soldats en ces lieux ; à Lutran, ils fendent du bois dans les cours, écrivent devant une fenêtre, remuent la terre d'un potager, ou encore, sous une grange, se font couper les cheveux. Dans un taillis roussi, est installée l'école des clairons et des tapins, tandis que des bûcherons en pantalon rouge font la corvée de bois pour l'hiver. Cependant tous ces villages paisibles sont des villages meurtris. A Romagny, leur Willern, les maîtres d'hier ont rasé les maisons, ne laissant que ruines là où des Français avaient trouvé abri ; des murailles étalent les immenses accrocs que font les obus ; l'église peinte en rose est toute mutilée. On dirait qu'on s'est acharné sur la porte à coups de baïonnette tant elle est lacérée ; le clocher est percé en trois endroits ; les projectiles sont tombés à l'intérieur, arrachant le haut du corps d'une Bernadette agenouillée devant la Vierge de Lourdes, de telle sorte que la statue mutilée montre un creux béant aux revêtements de terre cuite. Un vieux sacristain tout courbé balaye son église. A ma vue, il se redresse et, s'étant longuement mouché,

m'adresse la parole : « Vous venez voir le mal. Ah !
maintenant c'est réparé ; on dit les trois messes par
jour... Il y a bien des officiers qui m'ont pris en
photographie, mais jamais j'ai pu les voir. Vous
n'en faites pas, vous ?... Si vous voulez monter au
clocher... » Je ne suis pas monté au clocher ; mais,
plus loin sur la route, j'ai connu d'autres horreurs :
Maghy avec ses maisons dévastées. Sur le chemin,
des gamins armés d'arcs nous ajustaient en criant, et
ils ne paraissaient pas savoir que c'est dans leur
village qu'un enfant comme eux avait été assassiné
par la soldatesque allemande parce qu'il avait bra-
qué sur elle son petit fusil à amorces.

Ensuite, c'est Manspach et ses ruines, avec au
loin les deux viaducs de la ligne de Mulhouse effon-
drés sur soixante mètres, rails pendants où ne pas-
seront pas les mortiers de Krupp. Et nous voilà dans
Dannemarie, où siège un état-major.

Au milieu de la place publique, s'élève une colonne
commémorant 1812 ; d'un côté, il y a la justice de
paix avec les services de l'état-major ; de l'autre, la
mairie et un hôtel sur quoi flotte le fanion blanc et
rouge du général commandant. Notre première question est pour nous informer de Zislin, le bon dessina-
teur alsacien, qui doit être dans la région. « Zislin,
nous dit-on, il était là tout à l'heure ; vous allez le
trouver chez le dentiste. » Nous voici chez le dentiste. On pousse une porte ; dans la salle à manger,

devant une table ronde, Zislin est installé à côté de
sa boîte d'aquarelle et il peint. Comme la guerre
change peu les choses : dans cette ville occupée mi-
litairement, à quelques centaines de mètres de l'ennemi, Zislin continue à peindre des Alsaciennes et
des officiers arrogants. Et il nous raconte l'existence
quotidienne. On attend le moment de pousser plus
avant ; on tire des coups de fusil, on fait des prisonniers, on les interroge. On observe que, chez eux,
la troupe se démoralise, parce qu'on connaît des manœuvres du commandement. N'a-t-on pas saisi des
prophéties distribuées à profusion pour relever
l'énergie ? Voici une traduction que je dois à l'ama-
bilité d'un lieutenant interprète.

« *Prophétie d'un moine d'Altœtingen en 1841*. —
1914 sera fertile en événements. Au mois de
juin, il se préparera de grandes choses ; un horrible
assassinat politique aura lieu qui amènera les mi-
sères de la guerre. Au début du mois d'août, huit
gouvernements d'Europe se déclareront la guerre,
mais partout l'Autriche et l'Allemagne s'avanceront
victorieuses. Continuellement l'Allemagne obtiendra
des succès et l'Autriche gagnera également des batailles. Certes, les mois de septembre et d'octobre
exigeront des milliers de sanglants sacrifices, mais
à Noël deux empereurs dicteront la paix pour l'Allemagne et l'Autriche. La Belgique disparaîtra de la
carte du monde. La France deviendra un petit Etat ;

les princes régnants de Russie seront assassinés parmi d'épouvantables horreurs, et l'Angleterre perdra sa puissance navale. A côté des deux Etats alliés se formera, sous le gouvernement d'un prince asiatique, un puissant empire slave, mais qui, après des siècles, sera envahi par les Germains. Seule, cette nouvelle guerre universelle arrachera les nations à toute souffrance. »

On voit que ce n'est pas la précision qui fait défaut aux prophètes de l'état-major allemand.

La dernière tranchée française.

Tandis que nous conversons, le commandant, notre Mentor, vient nous avertir qu'il nous est accordé d'aller à la dernière tranchée française. Nous allons voir les Allemands tout près, à 400 mètres, et nous éprouvons une joie enfantine en roulant vers le petit village où est notre extrême avant-poste. On arme les carabines pour le cas de mauvaise rencontre : « Que Dieu m'entende et que j'aie une balle dans le bras, dit l'un de nous. — Oui, mais on ne choisit pas la place, fait le commandant souriant. — Si on reçoit des coups de fusil, quelle veine et quel article ! — Quel article nécrologique aussi : le premier reporter de 1914 tué à l'ennemi ! » Ainsi nous allons vers le village d'Alsace où est établi notre extrême

avant-poste. Ce village, j'en tairai le nom, ne sachant
pas si on peut le dire. Il a de coquettes maisons
basses, une église à clocher carré avec un cadran
solaire et, en face, il y a un autre village pareil
où sont les Allemands.

Nous allons vers les tranchées. « Rasez les maisons, recommande le chef de poste ; au milieu de la
route, ils peuvent nous voir. » Nous marchons
courbés et attentifs. Un mur de brique barre la route ;
des soldats examinent l'horizon. « Rien de nouveau ?
— Rien de nouveau, mon capitaine. » Nous passons
dans un champ sous les pommiers, toujours courbés,
et voici que nous entrons dans une large rigole creu-
sée dans la terre argileuse ; la rigole s'enfonce, nos
têtes ne dépassent plus. Nous sommes dans la tranchée de cheminement. Un fil téléphonique court le
long du remblai ; des fusils sont posés contre la paroi ; des hommes, dans un trou concentrique creusé
au flanc de la tranchée, parlent à voix basse et s'a-
musent de notre arrivée. « Ben quoi, on vient voir
les Boches ? On n'a pas peur, alors ! » Nous disons :
« On vient même de Paris pour cela. » On nous con-
sidère avec un peu d'étonnement et on nous emboîte
le pas. Au bout de la galerie, devant des meurtrières
en terre battue, un sergent regarde devant lui. Il
nous appelle. « Venez les voir ; tenez, encore tout à
l'heure, ils ont fait les zigotteaux ! — Voyez-vous
deux têtes ? — C'est deux gueules de Boches ! » Nous

sommes tout attention. En effet, là-bas, derrière la terre disposée comme ici, deux têtes nous examinent comme nous examinons. « Et puis, vous savez, suffirait qu'on agite un képi pour qu'ils tirent ! » annonce quelqu'un. Alors André Tudesq brandit en l'air sa casquette et s'écrie : « Salut, les Boches ! » On attend. Rien.

Va-t-on tirer ? Notre conducteur, carabine au poing, jure qu'il n'a jamais contemplé un Allemand à 500 mètres sans lui envoyer une balle. Mais on le dissuade. Un coup de feu déclancherait une fusillade et on a l'ordre de ne pas tirer tant qu'ils ne bougent pas. « Faudrait qu'un coup, disent les hommes ; ils ne nous f... pas la paix pendant une heure ! » Ainsi voilà la vie à l'extrême pointe des armées : on s'observe, on s'attend, et c'est un hasard comme notre présence qui peut entamer la bataille. Nous demeurons vingt minutes dans la tranché. Décidément il n'y aura rien ce soir et la nuit va tomber.

Comme nous revenons dans le village, le poste établi à l'entrée annonce que durant que nous étions là-bas, un cavalier allemand est venu à trois reprises sur la crête et a longuement observé. Plus loin, nous apprenons qu'une sentinelle près de qui nous avions passé tout à l'heure vient de tomber et de mourir frappée d'une balle. Car telle est en vérité la guerre : on se croit au point le plus exposé, c'est à côté que la mort frappe.

A l'armée de Champagne

L'arrivée d'un train.

« Pas de femmes, pas de femmes ! » a dit le grand
prévôt des armées françaises, et tous les chefs de
troupes, tous les commandants de places de la zone
des opérations ont répété l'ordre : interdiction
absolue de recevoir mère, épouse, sœurs ou rela-
tions, si on n'est blessé et hospitalisé ; les arrêts,
voire le Conseil de guerre, menacent le contrevenant.
Mais les femmes sont obstinées, elles n'ont pas
encore entendu. Alors on a formé pour leur faire la
guerre une armée qui opère principalement dans les
gares à l'heure de l'arrivée des trains. J'ai pu assister
à une rencontre ; c'est peut-être le seul fait de
guerre qu'il soit encore permis à un journaliste de
connaître ; notons-en les détails avant que ce champ
de bataille nous soit interdit, comme les autres.

Voici qu'un train est signalé. Aussitôt la troupe
prend ses formations de combat, les voies de com-
munication sont gardées, les postes avancés s'éta-
blissent à la sortie des voyageurs. Une première
ligne de défense est constituée par les gendarmes

habiles à déceler sur les sauf-conduits l'inexactitude d'un signalement ; puis viennent les policiers experts à poser des questions embarrassantes et la brigade volante des cyclistes à la pédale légère qui vont, soupçonneux et subtils, contrôler les déclarations. L'ennemi avance, le contact est pris. La première victime est une petite femme brune qui marche à l'attaque avec une déplorable confiance. « — Qu'est-ce que vous venez faire à Châlons ? — Voir une cousine, Mme X..., Monsieur. — Où est votre mari ? — Mais je ne sais pas, il est dans les tranchées. En ce moment, on ne sait jamais, n'est-ce pas ! — Où est-elle cette dame chez qui vous allez ? — Mais elle doit m'attendre ; elle doit être habillée en noir. — Vous la connaissez cette dame ? — Non, Monsieur, pour dire la vérité, je ne la connais pas, c'est ma mère qui m'envoie à elle. — C'est bon, adressez-vous à ce Monsieur qui a la moustache blonde. Eh ! Monsieur le commissaire, voyez donc Madame ! »

Et un second interrogatoire commence. La dame se débat de son mieux. Hélas ! la ligne de retraite est coupée. On va la faire monter dans le prochain train pour Paris, d'où elle ne reviendra pas moins à l'attaque, demain peut-être, ayant appris désormais à mieux couvrir ses mouvements. Car l'avantage n'est pas toujours aux troupes du grand prévôt. On cite d'étonnants faits d'armes de l'ennemi. Je ne veux pas révéler ses ruses de guerre, bien que son imagination inépuisable en puisse forger chaque jour de nouvelles. De tendres épouses, prenant des airs de milliardaires américaines, n'ont pas hésité, assure-t-on, à louer à coups de banknotes les somptueux appartements d'un hôtel pour une heure passée avec leur mari au bruit du canon. C'est une guerre sans merci qui se fait chaque jour à Châlons-sur-Marne ; Jeanne d'Arc, de nos jours, ne pénétrerait pas dans la zone de l'armée en Champagne sans être conduite pour supplément d'information au commandant de place qui, embusqué derrière ses rideaux, surveille la rue et ses agents.

Devant le quartier général.

Un factionnaire croise devant le portail. Quelques gamins, les mains dans les poches, attendent, espérant que, comme chaque jour, on amènera au service des renseignements des prisonniers allemands qu'ils suivront ensuite par les rues, courant et chantant. Des officiers affairés vont et viennent ; un vaguemestre arrive chargé du courrier ; sur la place, des automobiles de toutes formes sont alignées, et les conducteurs causent entre eux, mordent dans d'énormes pains ou fument leurs pipes avec sérénité. Certains sont couverts de boue de la tête aux pieds, leurs visages sont blancs comme des visages de pierrots, et ils parlent marmites et crapouillots.

Ceux-là reviennent de Perthes-les-Hurlus, Mesnil-les-Hurlus, Laval ou Minaucourt, les villages aux noms gracieux qui n'ont pas aujourd'hui d'autre population que des hommes pareils vêtus de boue blanche, les hôtes des tranchées de Champagne. Et je m'approche du groupe des chauffeurs. Il n'y a pas de doute : sous son képi dégoûtant, sous sa veste de cuir boueuse, j'ai reconnu un de mes amis.

Mon ami était un Belge très Parisien. Le sort lui avait fait une existence facile ; il possédait de grosses affaires de filatures, mais il lui suffisait de recevoir une « situation mensuelle » sans éprouver le besoin d'en connaître davantage. L'après-midi il était au cercle du Bois de Boulogne, au tir aux pigeons ; chaque soir il dînait en habit et on le rencontrait après dans les cabarets de Montmartre. Rien ne l'obligeait à aller à la guerre ; mais le premier jour de la mobilisation il s'est engagé dans la légion étrangère et il conduit, depuis, des autos sur la ligne de feu. Il m'a dit : « Tu comprends, oui, j'étais Belge. Mais j'ai mieux aimé servir la France ; avec du piston, ça a été plus vite fait, et puis c'est la même chose. »

J'étais un peu gêné devant lui, humilié de n'être pas aussi sale, mais il fallait parler, alors j'ai fait pour dire quelque chose : « Ça te réussit bien. Tu engraisses, tu as une mine superbe. » Il a répondu simplement : « Ben, mon vieux, la vie de sport, tu sais. On couche dans la paille, on ne se déshabille pas et on reçoit des crapouillots sur la tête. » Puis il m'a raconté sa campagne. Comme il parlait déjà l'argot des bars, il avait de fortes dispositions pour le langage des camps :

« La retraite de Belgique ça été rudement dur, mais maintenant c'est épatant. Et puis tu peux raconter qu'on les a et qu'on les tient bien. Qu'est-ce qu'on leur met comme artillerie, je te jure que ça tape du côté de Minaucourt. On fait des prisonniers tout le temps, qui en sont abrutis ; ils racontent que c'est immoral de les bombarder autant. Tu parles ! D'ailleurs j'y retoure avec la chignole.

« Je suis venu ici en liaison avec un commandant du génie, mais j'aime mieux être là-bas que dans la ville, il y a du sport. Et toi, qu'est-ce que tu fais ? J'ai lu tes articles, tu te promènes sur le front, c'est le filon, ça ; mais dis toujours qu'on les a, ça sera long, mais on les a. Et dis-le bien, parce que les types de Paris me font rigoler avec leurs histoires. J'ai reçu une lettre d'un copain qui me dit : « C'est dégoûtant : à Montmartre, y a que le Moulin de la Chanson qui est ouvert. Non, mais crois-tu ! » Je lui ai répondu qu'il devrait venir par ici ; le Moulin est ouvert toute la journée et toute la nuit, excellents fauteuils dans les tranchées, on y est même si confortable qu'il faut que quatre types vous prennent sous les bras pour vous sortir de la boue. Tu crois que ça vaut pas les boîtes de Paris ? Raconte ça, va ! « Tiens, voilà mon poilu qui sort. Faut que je mette en marche. Au revoir, vieux. »

En effet, le commandant du génie quittait les bureaux de l'état-major ; il monta dans la voiture, et mon ami s'en alla où ça tapait, en fumant sa pipe.

La dernière tranchée.

J'ai été au champ des morts d'un hôpital auxiliaire. Les cimetières que la guerre a créés ne ressemblent pas aux autres, aux cimetières des villes. Ils sont tout parés d'éclatantes couleurs ; seules, les croix se dressent tristes et noires, mais les drapeaux plantés partout flottent, si bien que le vaste champ ressemble à une image aux tons vifs.

Dans une ville comme Châlons, à quelques kilomètres du feu, les ouvriers de ces lieux n'arrêtent pas leur travail. Sans cesse ils creusent de grandes tranchées profondes qui sont les sœurs des tranchées du front, et toute la journée viennent des cortèges pareils.

Trois enfants de chœur en habit de deuil marchent en tête, qui portent la croix, l'encensoir et le goupillon, et puis un prêtre en surplis psalmodiant les prières. Un char suit, traîné par un cheval squelet-

tique et une escouade de territoriaux. On s'arrête
au bord de la longue tranchée ; les ouvriers quittent
leurs outils pour une autre besogne. Le prêtre
encense la terre, la bénit, prononce les paroles de
paix éternelle ; on descend du char une boîte blanche
qu'on dépose sur deux traverses préparées, et il
repart. Il marche vite ; il est pressé ; son surplis
léger vole au vent et se dresse derrière lui, et les
petits enfants de chœur le suivent, se retournant de
temps en temps pour voir les soldats asperger la
tombe d'un goupillon qui demeure là dans un vase
fixé à terre, en dernier adieu au camarade inconnu.
Seule du cortège la boîte blanche est restée. Alors
un ouvrier du fond de la tranchée qu'il creuse
appelle : « Et là-bas, viens chercher ! » A deux, on
descend le cercueil, on le place à côté d'un autre
que la terre n'a pas encore recouvert ; on fixe une
latte de bois qui émergera du sol : n° 1283.

Et chacun retourne à l'ouvrage. Un vieux à grosse
moustache allume une cigarette, crache dans ses
mains, saisit la bêche. Les bruits des travailleurs
reprennent dans le champ des morts.

Sur la route de Perthes.

Perthes-les-Hurlus, Mesnil-les-Hurlus, Minaucourt, Massiges, Ville-sur-Tourbe, qui connaissait
il y a six mois l'existence de ces villages qui nous

sont devenus familiers ? La population du plus considérable ne dépasse pas cinq cents âmes ; leurs constructions sont de pauvres maisons campagnardes, parsemant çà et là de taches sombres les plaines désertes de Champagne. Aucune industrie ne les distingue. Mais dans la guerre on ne mesure plus l'importance d'un coin de terre au chiffre des habitants, ni à leur richesse. Perthes-les-Hurlus est à 160 mètres d'altitude, sur la terre crayeuse ; c'est assez pour le faire entrer dans l'histoire militaire. Dans cette région, la région de Perthes, comme disent les communiqués, se livrent des combats dont l'importance est considérable. Cote 145, cote 200, vagues de craie, collines onduleuses, piquées de sapins noirs serrés les uns contre les autres ou de boqueteaux roux, que de sang a coulé sur vos pentes, que d'exploits vous avez vus !

Ici la voix du canon ne se tait que pour faire entendre la pétarade cinglante des mitrailleuses et le claquement des fusils. Chaque jour, chaque nuit, le grondement formidable ébranle au loin le sol ; aux enfants qui interrogent sur le bruit de la foudre, on dit que Dieu, dans le ciel, roule des boules pour montrer sa colère à la terre ; je me souvenais de l'explication en allant vers Perthes : l'artillerie des humains roule et gronde comme un orage lointain.

Sur la route, des automobiles passent en soulevant des gerbes d'eau sale ; on marche doucement, avec précautions, car l'explosion des obus a creusé des trous énormes que la boue recouvre. Parfois on enfonce jusqu'aux essieux. On dérape. En vain les moteurs peinent et tapent; il faut chercher du secours et la circulation s'en trouve arrêtée ; cette circulation intense et si nécessaire par quoi le ravitaillement des troupes avancées est assuré et le service de liaison établi. L'état du sol est tel qu'on a fait venir une voiture de balayage, et c'est un spectacle curieux, cet énorme balai traîné par un vieux cheval qu'on rencontre à toute heure brossant la route du matin au soir. Le balayeur a été vite connu par les soldats. Seul, avec sa famille qui vit dans une roulotte, il représente dans cette région entièrement évacuée l'élément civil ; il en tire une grande considération.

A gauche, au delà de Suippes, voici les collines devenues des maisons à plusieurs étages. On a creusé dans leurs flancs des rangées de trous, d'abris, de chambres de repos ; c'est là que se cantonnent les hommes au retour des tranchées d'avant. Habitations de troglodytes, elles sont confortables autant qu'il se peut. Après quatre jours passés en première ligne, dans l'énervement de l'alerte, elles semblent le paradis. L'ingéniosité du troupier les a embellies de mille agréments ; certaine est fameuse par son cinématographe ; il s'y donne de grandes réceptions.

Mais voici un autre tableau fait pour distraire les guerriers au repos. Encadrés entre des fantassins

portant les armes sur l'épaule, une théorie de prisonniers allemands avance. Les uns marchent la
tête basse, débraillés, couverts de boue, accablés ;
d'autres regardent autour d'eux et ne se gênent pas
pour rire : ceux-là sont heureux d'être pris. Dans le
nombre, une centaine, deux sous-officiers portant
la croix de fer. On doit les tenir pour plus intéres-
sants que le commun ; sitôt remis à la prévôté, ils
seront conduits à l'état-major pour être interrogés.

Il n'est pas de jour, dans ces parages, où ne passent
des cortèges pareils. Il paraît bien qu'on constate
chez l'ennemi les signes certains de dépression.
On se rend facilement dans certaines unités des
corps allemands ; il y a des exemples fameux parmi
les nôtres, que connaissent dans toute l'armée de
Champagne les hôtes des tranchées. C'est ainsi que
dernièrement, un sergent du ...ᵉ de ligne fit à lui
seul douze prisonniers. Il avait sauté dans une tran
chée allemande ; aussitôt les occupants, ayant jeté
leurs armes, l'accueillirent comme un sauveur et se
préparèrent à le suivre vers les lignes françaises. Le
sergent parlait un peu l'allemand. La chose alla
toute seule. Il part escorté de ces hommes quand
soudain, près de lui, des coups de feu éclatent, un
parti ennemi l'attaquait. Il croit sa prise compro-
mise ; les Allemands vont certainement rallier les
camarades. Mais pas du tout, courant, rampant,
s'aplatissant soudain, ils continuent à le suivre, et

on parvient sans dommage là où est le gros des troupes françaises, et le sergent de dire à ceux qui s'étonnaient : « Ça n'a pas été malin. Je n'ai pas eu besoin de m'occuper, et jamais je n'ai vu si bien ramper pour éviter les balles. »

Ces prisonniers de la région champenoise, veut-on savoir ce qu'ils disent quand on les interroge ? Voici comment se sont exprimés sur le rôle de notre artillerie depuis la fin de décembre des officiers et des soldats allemands appartenant au 8e corps actif et au 8e corps de réserve:

Depuis près de trois mois, ils vivaient à peu près tranquilles. Les carnets saisis mentionnaient bien de temps en temps avec des plaisanteries légères une canonnade sans grand résultat, mais ils s'inquiétaient surtout du peu de variété de la nourriture et de l'humidité des abris. L'activité soudaine de notre artillerie, la violence du feu et la précision du tir ont jeté parmi eux un véritable désarroi, et ce n'est pas là seulement un effet moral. Les hommes pris paraissent hébétés ; trois ou quatre jours après leur capture, ils ne sont pas encore remis.

« J'ai fait toute la campagne, a dit un soldat du 8e corps actif ; j'ai assisté à la bataille de la Marne, où nos pertes furent terribles, mais ce n'était rien comparé au feu d'artillerie auquel nous fûmes soumis ces jours-ci. Je suis heureux d'être sorti de cet enfer, et je ne crois pas être mauvais Allemand en m'exprimant ainsi, car j'estime avoir payé ma dette à la patrie par le fait d'avoir été exposé à pareil feu d'artillerie. Je me demande comment ma raison n'a pas sombré ; ce fût un jour damné. »

Les officiers ne tiennent pas un langage différent. Un lieutenant du génie pris à la cote 200, de même qu'un lieutenant d'infanterie pris au nord-est de Perthes, ont manifesté leur stupéfaction des effets de la canonnade. « Une tranchée bombardée, expliquait encore un soldat, est bouleversée de fond en comble, les hommes et les fusils volent en l'air, les défenseurs sont mis en pièces ou enterrés vivants. N'échappent que ceux qui ont réussi à se réfugier dans les couloirs de mines ou dans un abri à l'épreuve. » « Mieux vaut rester collé au fond de la tranchée et s'en rapporter à Dieu, affirme un sous-officier, que d'essayer de fuir. » Comme on demandait au lieutenant d'infanterie fait prisonnier à la cote 200 pourquoi les unités de réserve n'étaient pas venues au secours des compagnies de première ligne, il répondit : « Tant que dure le feu de l'artillerie, il ne faut pas songer à faire de mouvements pour porter les réserves en avant, et à peine le dernier coup de canon tiré sur la tranchée, vos fantassins sont là. » Ainsi parlent nos adversaires, et c'est pour réconforter.

Sont-elles sincères, ces déclarations ? Il n'est pas douteux que pour la grande majorité les prisonniers rapportent exactement ce qu'ils ont éprouvé. Mais plus suspecte infiniment est la parole de ceux qui prétendent aimer la France et les Français. Certains, soucieux du traitement de captivité, assez bassement flatteurs par tempérament, font grand étalage de leur connaissance de notre langue et parviennent quelquefois à leurs fins : « Il y a des Français qui se laissent rouler, me racontait un fantassin. On a ici des camarades qui, dès qu'ils voient un Boche parlant le français, lui donnent et de l'argent et des cigares et des provisions. Ils pensent, ils croient bien faire. L'autre jour, il y avait comme ça un Boche qui faisait de grandes démonstrations : « Amis Français, j'aime votre beau pays, » etc. Je lui ai demandé, pour savoir s'il n'était pas lorrain : « Où as-tu donc appris le français, toi ? — Tiens, j'ai été dix ans dans la bijouterie à Paris ! — Et comment es-tu rentré en Allemagne à la guerre ? — J'ai été prévenu quatre jours avant la mobilisation ; je suis parti. » Eh bien, ce n'est pas juste que ceux-là aient les faveurs. Eux, ce sont des muflés ; les autres, que voulez-vous, ils font leur devoir. Faudrait tout de même être moins poire ! »

N'étaient-elles pas le bon sens même, les paroles de ce soldat français ?

La vie des tranchées.

Souvent, au long de nos journées pesantes, on songe à la guerre, et le désir vient de l'imaginer. On demeure dans un cadre où rien n'est changé des choses matérielles ; dehors, tout est pareil ; la pluie tombe jetant sur les vitres des perles d'eau brillantes bientôt détruites, et on se souvient des absents, des siens, de ceux des autres. On pense : Où sont-ils ? que font-ils ? quelle est la vie des tranchées ? On a des lettres, mais les lettres sont écrites à la hâte et elles ne disent pas tout ; on lit des journaux qui ne savent pas grand'chose ; l'esprit se perd dans une vague représentation des combats, selon les récits, la littérature, les tableaux, au gré des imaginations...

Je voudrais, pour en avoir regardé le spectacle de toute la force des yeux, décrire la vie des tranchées telle qu'elle est à l'armée de Champagne, telle qu'elle est, à de légères différences près, sur tout le front des armées. C'est une vision poignante, douloureuse à la fois et sublime ; mais il n'en est pas de plus réconfortante. On a trop dit et trop écrit : « Nos soldats, ils s'amusent dans les tranchées ; c'est un métier dont on s'accommode très bien et qui a des charmes ; ils ne voudront plus le quitter. » Rien n'exaspère davantage ceux qui savent, souffrent, éprouvent chaque jour l'étendue du sacrifice et la valeur de leur effort. Non, elle n'est pas joyeuse la vie sous la terre, dans la boue et dans l'eau glacée. Ce n'est pas parce qu'on la supporte avec une résignation magnifique, cette vie imposée par l'ennemi, qu'on lui découvre des agréments, mais c'est la guerre ; il faut la poursuivre malgré tout, contre tout, et à quoi servirait de gémir : on ne compose pas avec la nécessité ; si nos soldats sont d'humeur gaie, c'est parce qu'ils sont Français et qu'ils seront vainqueurs. Je sais bien, il y a les heures de « cafard ». Quand on a trop rêvé aux parents, aux amis ou au bien-être, il est des minutes où on maudit le sort. La brume alors pénètre les cœurs comme la terre ; on dit : « La barbe ! j'en ai plein le dos ; vivement qu'on en finisse ! » Mais l'action emporte ces brouillards. Questionnez le premier troupier venu, sur la ligne de feu, demandez : « Eh bien, est-ce que ça marche ? » Il fera : « Si ça marche ? non, mais je vous crois ; on les a, c'est dur quoi, mais on les a ! » Et tous répondront de même. Ces simples mots sont plus éloquents que les communiqués. On assure que Guillaume II, réunissant ses correspondants de guerre, leur annonça dernièrement qu'ils allaient voir de grandes choses : Discours théâtral et paroles imprudentes. En France, où il n'y a pas de correspondants aux armées, où on a tout fait pour que lès journalistes ne voient pas la guerre, je ne sais pas de spectacle plus rassurant et de meilleur exemple que celui de nos soldats.

Les journées.

Semblables à des sillons frais tracés par la charrue, des raies claires s'étendent et serpentent dans les plaines champenoises. Elles sont blanches, d'un blanc qui, de loin, se détache sur la terre grise, et on les remarque plus nombreuses, plus serrées dans le voisinage des bouquets de sapin piqués sur l'horizon monotone. Autour, aucune vie, pas un mouvement, rien, sauf le tonnerre continu du canon qui ébranle et assourdit. Ce sont les tranchées, ces lignes blanches, où vivent des centaines d'hommes muets, anxieux, dans une continuelle alerte.

Voici les cheminements qui conduisent aux postes ; des fils traînent tout le long du remblai ; quelques fusils sont appuyés à la paroi ; un sergent à plat ventre écoute, les récepteurs aux oreilles ; des hommes couverts de boue circulent et on se fait petit pour leur laisser passage. Plus loin, on cause à voix basse, et plus avant encore, dans le poste du guetteur, des hommes attentifs, tout tendus, jumelles aux yeux, sondent la plaine, fixés sur d'autre raies blanches ; l'ennemi.

La journée coule dans l'inaction, mais dans la fièvre. Que faire dans ces trous ? La mort, stupide traîtresse, attend l'audacieux qui montrera sa face ; elle frappe sournoisement par l'ouverture des créneaux ; il faut mesurer le temps d'un regard. Le sentiment de l'inutile vous hante et pèse ainsi qu'une fatalité. Sans trêve, au-dessus des têtes, le commerce des obus bourdonne ; l'air frémit comme brassé par d'innombrables et invisibles ventilateurs ; les batteries font leur vacarme, les projectiles explosent, mais on ne prête plus attention à l'ouragan quotidien qui n'est pas le plus pénible de la guerre.

Là-bas, dans ce bois, les Allemands ont installé des canons-revolvers, les nains agaçants de l'artillerie, qui crachent sans arrêter leur menue mitraille. Les obus frappent en avant, en arrière de la tranchée. Ils ne font pas grand mal, mais projettent au loin la terre boueuse qui retombe sur les têtes et excède les nerfs. Que faire ? Penser. Mais est-ce possible en pareil état ? Et puis les souvenirs sont-ils pour affermir ? Ecrire ? Mais c'est à peine si on associe deux idées. Dormir dans les chambres de repos ? Tout est humide et glacé, et les réveils sont atroces. Parler ? Oui, de simples choses, des événements de chaque jour, de ce qu'on a mangé hier, de ce qu'on mangera ce soir, des rivalités de régiments et de corps, des histoires de camarades, cela, c'est la

distraction de ceux qui vivent sous terre, en dehors
de la commune humanité. Parler de n'importe quoi,
oublier le temps, mais surtout attendre la nuit qui
délivrera du cauchemar des jours avec l'action et
avec la mort.

Les nuits.

La nuit est venue. Dans la tranchée, chacun est à
son poste, l'arme prête, attendant l'instant de la
fusillade, et les canons grondent toujours, les obus
continuent à passer ; la pluie tombe, l'eau coule,
elle suinte de la terre, pénètre les défenses de paille
ou de planches et alourdit le sol sous les pieds. On
s'enlise ; une boue laiteuse étreint le bas des jambes ;
mais les efforts sont trop inutiles ; on ne bouge pas,
on se laisse enfoncer dans la terre. Soudain un bruit
connu, des murmures, des appels. C'est la soupe
qui arrive, car le service de l'intendance ne peut se
faire qu'à l'obscurité.

Il est des tranchées de première ligne où les cui-
sines accèdent ; là, le repas est chaud, il réconforte
et réjouit. Mais il en est d'autres dont les cheminements sont impraticables ; la nourriture est portée
dans des seaux, par des hommes à pied. Imaginez ce
qu'est le trajet : quatre et cinq kilomètres dans la
nuit inquiétante, dans des boyaux de tranchées. Les
porteurs sont accablés sous le poids ; ils sont fati-

gués et, moitié pour se décharger, moitié parce qu'ils ont soif, ils boivent du vin dans les seaux ; ils reprennent la route, ils s'arrêtent encore, ils tâtonnent, heurtent les murs, et la terre éraflée tombe dans le vin, dans les plats. Quand on est au terme, le repas si abondant de l'intendance, car l'intendance fait une nourriture remarquable, est froid, réduit, horrible. Mais la bonne humeur des soldats n'est pas changée. Ils plaisantent le cuisinier et ses maîtres d'hôtel. En vérité, ces gens sont trempés comme l'acier.

Et pour dessert voici la bataille.

Un bruit de feu d'artifice fuse dans l'air. Les Allemands emploient leurs cartouches éclairantes. Voici que de gros vers luisants se balancent dans le ciel au gré du vent et versent sur la plaine une lueur blafarde ; les projecteurs envoient les rayons qui aveuglent, des feux de salve et de mitrailleuses déchirent la nuit, peut-être vont-ils attaquer, peut-être ont-ils cru à un mouvement. Tout rentre dans le calme.

Maintenant les chefs de sections vont répétant l'ordre de se préparer à sortir et de mettre baïonnette au canon. On se hisse hors des trous ; certains sont si fortement enlisés qu'il faut les prendre sous les bras et les tirer à quatre pour les aider à sortir. Des hommes ont pleuré des larmes de rage de ne pouvoir quitter la tranchée. On avance les uns derrière les autres, agrippés aux pans des capotes.

voisines pour ne pas se perdre. Parfois on s'arrête à quelques pas des réseaux de l'ennemi ; chacun silencieusement creuse son trou sous lui ; on chemine lentement, avec mille précautions, et ce ne sont pas cependant les attaques plus défilées de la sape ou l'assaut avec pour armes la grenade et le pétard de cavalerie.

D'autres fois on part au pas de course sur l'ennemi, on saute dans ses tranchées où on tâche de tout exterminer ou réduire. Mais, même dans le plus beau succès, il faut conserver une prudence que le soldat français est trop enclin à abandonner. Le temps n'est plus des grands gestes sublimes. A la prise d'un fortin près de Beauséjour, le colonel du régiment vainqueur, emballé, dressé sur le parapet emporté, cria : « Bravo ! mes enfants, ! » et tomba sous les balles des vaincus.

L'attaque terminée, les vainqueurs retournent aux tranchées. Quatre jours passent de même, et puis ces soldats qui ont accompli des actes de héros, qui ont vécu des instants extra-humains, s'en vont secrètement, de nuit, en rampant, comme honteux. Et d'autres arrivent qui paraissent suivis par l'ange sombre des combats ; ils marchent avec les mêmes précautions ; on échange les recommandations et les ordres, et ils demeurent là quatre jours, jusqu'à la prochaine relève, jusqu'au prochain cortège nocturne. Comme il est loin du *Rêve*, combien différent des chevauchées glorieuses de Detaille qui faisaient frémir un cœur militaire, ce tableau de la bataille quotidienne sous la terre et dans la nuit. Mais c'est ainsi que l'armée de France, cette armée brillante et folle que les lourds Germains, ayant préparé la guerre à leur mesure, se flattaient de démoraliser et d'anéantir, défend obstinément, victorieusement, le sol et l'âme de la patrie.

Les histoires de nos hommes

Le moral des troupes se maintient excellent, assurent les communiqués et les lettres ; les lettres qui viennent du front le répètent avec des mots différents, mais ce n'est pas assez dire. Le « moral » dépasse tout ce qu'on imagine de loin ; il est prodigieux. Les renseignés qui annoncent d'angoissantes nouvelles ; les politiciens qui conçoivent la stratégie avec leur tempérament, devraient être amenés dans les lignes de bataille et contraints de refaire leurs discours. Ils ne parleraient pas longtemps. Nos hommes ne permettent point qu'on doute de la victoire.

Ils ne ressemblent pas aux militaires qui veillent jalousement sur la sécurité d'une gare ou d'un pont ; ils ne portent ni vareuses élégantes ni bandes alpines soigneusement roulées. Ce sont des hommes qui font la guerre. Sur leurs visages pousse un poil de grognards ; leurs nez rougeoient au milieu de joues couperosées ; ils portent des vêtements crottés et les automobilistes du front ont de gros sabots aux pieds. Il ne sont pas tristes du tout et ils n'ont pas la gaieté bruyante. Ils se battent. Ils en éprouvent tous une sorte de gravité joyeuse ! Ils ont adapté les habitudes du soldat à leur existence nouvelle. Ils ne comptent plus le temps qui les sépare de la libération de la classe, mais ils marquent les jours de campagne. Ils annoncent : 80, 81 demain matin. Ils ne se préoccupent pas de savoir jusqu'à quel nombre il faudra compter, ni s'ils devront s'arrêter ; l'expérience les a rendus fatalistes ; ils savent qu'on ne court pas plus vite que les balles et qu'on n'échappe pas au destin. Leur préoccupation est de savoir si on fait du « bon travail ». Au repos, ils font toilette, écrivent ou se disent leurs histoires.

La guerre a changé les rapports du temps de paix. Il n'y a plus de rivalités, il n'y a plus qu'une armée. Les cavaliers sont fiers de l'infanterie : « Ils font du chic travail, les bobosses, répètent-ils, et ce que les Boches ont la trouille de leurs baïonnettes, faut voir ça ! » Les fantassins éprouvent des sentiments réciproques. Tous sont remplis d'admiration pour l'artillerie et le fameux 75, ce dieu des armées. Quant aux fusiliers-marins, qui vont à pied ou montent des auto-mitrailleuses, ce sont les fantaisistes de la ligne de feu ; ils ont baptisé leurs voitures : Lulu, Marguerite ou Titine, et sur les blindages des canons-revolvers ou des mitrailleuses, ils ont écrit des noms guerriers : le *Vengeur*, le *Formidable*, la *Revanche*... C'est d'eux qu'un général anglais, les voyant à l'œuvre dans le nord, a dit qu'ils étaient des lions. Ils le savent et ne témoignent pas d'orgueil. Mais ils ne sont pas étonnés.

La chose qui frappe le plus ces hommes est la lâcheté du soldat allemand. Ils étaient partis pour se battre en soldats régulièrement ; on leur avait dit qu'il existait des lois de la guerre et, s'ils ne l'avaient appris, ils auraient puisé dans l'instinct français qu'on n'achève pas un blessé, qu'on ne tire pas sur les parlementaires et qu'on respecte les ambulances. Ils observaient ces devoirs et les règles.

Or, des parlementaires précédés du drapeau blanc se sont avancés vers eux ; ils ont pris même fréquemment le soin de leur crier en français : « Cessez le feu ! » et de faire entendre notre sonnerie par un de leurs clairons. On a levé les fusils crosse en l'air. Alors le parlementaire, se jetant à terre, a démasqué des mitrailleuses, et le carnage a été affreux. Les Français ne peuvent l'oublier. Ils ne peuvent admettre non plus que les patrouilles ennemies fuient devant les nôtres et que les uhlans, terribles aux femmes et aux désarmés, implorent si facilement « nicht kapout » quand ils se rendent. Comme chacun a vu la mort, ils jugent que la vie humaine a peu de prix. Les souvenirs du passé lointain en prennent plus de valeur à leurs yeux. Dans le peuple, on entend dire : « Du moment qu'on n'a tué personne ça va bien. Les cathédrales, c'est bien terrible, mais c'est jamais que de la pierre. On les reconstruira. »

Beaucoup de nos soldats n'ont pas lu Barrès, mais ils sentent que les églises sont le visage moral de la France, et ils disent : « Bombarder une cathédrale, tout de même, quels cochons ! » Ils ont aussi le culte de Paris. Jamais on ne leur eût fait admettre que la capitale soit prise. Quand on leur révèle que les Allemands sont venus près de Pontoise, ils font : « Non ! Ah ! les salauds ! » Cela c'est la trame de toutes les histoires que se content nos troupiers, et tous expriment de rudes jugements.

Ils disent aussi comment on ramassait les Prussiens dans les caves durant les journées de la bataille de la Marne. Il n'est pas de souvenir pour les réjouir davantage. A Fère-Champenoise, l'artillerie française surprit les Allemands en liesse. Ils avaient organisé un bal au son des fifres et des accordéons et ils dansaient entre eux. Mais le canon troubla la fête. Tous ceux qui le purent se réfugièrent dans les caves. On en trouvait dans toutes et jusque sous la paille. Il fallait marcher dessus pour les faire bouger. C'était à qui entrerait dans un cellier pour faire la chasse. Quand ils évoquent ces tableaux, nos hommes ne peuvent plus cesser de rire... Mais il est d'autres traits. Ceux des bons tireurs ont grand succès : « Voilà une affaire pour toi, dit, certain jour de la bataille des Flandres, un maréchal des logis de dragons au meilleur tireur d'un escadron. Tu vas te mettre dans la tranchée. Les Boches vont t'arriver dessus un par un. Tu pourras taper dedans à ton aise. » Le programme fut exécuté. A 200 mètres de la tranchée une reconnaissance venait flairer l'horizon ; un coup de feu partait, et à chaque coup un homme tombait. On dit que trente Allemands restèrent ainsi sur le terrain. Qu'on juge de la réputation du tireur.

Ces choses-là, il faut les entendre le soir, au cantonnement, quand on vient de faire l'appel du régiment, qui se réjouit de n'avoir pas de manquants pour sa journée, et que le canon gronde encore au loin, espaçant ses coups pour la nuit. Une voix dit : « Tu parles d'un travail aujourd'hui. J'étais tranquille dans ma tranchée ; je faisais une cigarette. Voilà que je regarde la maison en face. Mon vieux, à la fenêtre j'allume un officier qui regardait dans sa jumelle. Il se penchait et il se retirait. Ah ! je dis : « Elle est bonne, ben, attends, mon Boche ! » Je te prends mon temps. Je vise, Pan ! Voilà le Boche qui fait un saut de côté. Je vois ma balle qui tape sur le côté gauche de la fenêtre, bien à la hauteur du corps. J'avais tiré à gauche, quoi? Je me dis : pourvu que l'oiseau revienne. Juste qu'il recommence à reluquer. Je rectifie mon tir, et v'lan, mon Boche dégringole. Il te fait une pirouette comme un lapin. Ce que j'ai rigolé. Ça leur fait toujours une huile de moins. »

Et il y a les aventures de patrouilles qui sont inépuisables. Un maréchal des logis raconte : « On me commande pour reconnaître Wertinghem, savoir s'il y a encore de l'ennemi. Je prends les hommes, et en avant. On s'amène à l'entrée du village ; on demande aux bonnes gens s'ils ont vu des Allemands, ils disent : « Ils sont partis y a pas une demi-heure. » On avance tout de même avec précaution. Je regarde les maisons. A une lucarne, sous un toit, je vois un casque à pointe, puis une tête avec une jumelle qui rentre en vitesse. Je fais faire un feu de salve. On crible le toit de balles. Puis on s'amène à la maison. Je poste deux hommes à la porte, puis je monte, revolver au poing, avec un autre. On arrive à la pièce du haut. On trouve un casque, la jumelle et un téléphone tout monté, mais pas de Boche. Il avait foutu le camp par une porte de derrière. J'étais si pressé que j'avais pas eu le temps de faire cerner toute la maison. Un raté, quoi ! Tout de même j'ai pris le casque, la jumelle et le téléphone avec des fils que j'ai coupés. On est descendu dans le village. Toutes les femmes sortaient qui voulaient nous embrasser, nous donner du vin. Je leur dis : « Minute, faut voir où ils sont. Vous nous embrasserez tout à l'heure si ça vous dit », et il fallait les écarter. Les Boches étaient bien trottés. On est revenu avec plein de paquets de tabac et des fruits tant qu'on a pu en prendre. Et le capitaine a dit que je lui rapportais des renseignements épatants. Une bonne affaire, quoi ! »

Ainsi se racontent les combats dans un simple langage, et tous nos soldats qui font comme ils disent
du « bon travail » et en connaissent le prix, pensent
obscurément la phrase du généralissime : la France
peut être fière de son armée.

TABLE DES MATIERES

Poitiers. — Société française d'Imprimerie.

www.ingramcontent.com/pod-product-compliance
Lightning Source LLC
LaVergne TN
LVHW021133200726
843510LV00001B/90